Paramahansa Yogananda
(1893-1952)

ZAKON
USPJEHA

—

Primjena snage duha u postizanju

zdravlja, napretka i sreće

Self-Realization Fellowship
FOUNDED 1920
Paramahansa Yogananda

O OVOJ KNJIZI: *Zakon uspjeha* je kao malu knjižicu Self-Realization Fellowship prvi put izdao 1944. godine i od tada se neprestano objavljuju nova izdanja. Dosad je prevedena na više jezika.

Naslov izvornika na engleskom u izdanju
Self- Realization Fellowship, Los Angeles (Kalifornija):

The Law of Success
ISBN-13: 978-0-87612-150-4
ISBN-10: 0-87612-150-4

Prijevod na hrvatski osigurao: Self-Realization Fellowship
Copyright © 2015 Self-Realization Fellowship

Odobrilo Međunarodno izdavačko vijeće
Self-Realization Fellowship

Paramahansa Yogananda osnovao je Self-Realization Fellowship u svrhu širenja svojeg učenja širom svijeta. Ime i zaštitni znak (gore prikazan) Self-Realization Fellowship pojavljuje se na svim knjigama, zvučnim i videozapisima te ostalim izdanjima SRF-a, što čitatelju jamči da je dano djelo izdalo Društvo koje je osnovao Paramahansa Yogananda i da kao takvo vjerno prenosi njegova učenja.

Prvo hrvatsko izdanje Self-Realization Fellowship, 2015
First edition in Croatian from Self-Realization Fellowship, 2015

ISBN-13: 978-0-87612-710-0
ISBN-10: 0-87612-710-3

1459-J2771

„Najmudriji je onaj tko traži Boga.
Najuspješniji je onaj tko je našao Boga.“

- Paramahansa Yogananda

PLEMENITI PRVI

Pjevaj pjesme kakve još nitko nije ispjevao,

Misli kako još nitko nije mislio,

Idi stazama kojima još nitko nije kročio,

Plači suzama kakve za Bogom još nitko nije
prolio,

Podari mir onima kojima ga još nitko nije
dao,

Prigrli kao svoga onoga koga su svi odbacili.

Ljubi sve ljubavlju kakvu još nitko nije
osjetio.

I nesputanom snagom hrabro se bori

U svim životnim bitkama svojim.

MOJE BOŽANSKO PRAVO
PO ROĐENJU

———

Gospod me stvorio na Svoju sliku. Najprije ću tražiti Njega sve dok ne budem siguran da sam uspostavio kontakt s Njim. Tada, bude li to Njegova volja, neka mi sve drugo – mudrost, obilje, zdravlje – bude pridodano kao dio moga božanskog prava po rođenju.

Želim postići nemjerljiv uspjeh koji ne potječe iz zemaljskih izvora, već iz Božjih sveposjedujućih, svemoćnih ruku izobilja.

ZAKON USPJEHA

Postoji li moć koja može otkriti skrivene zlatne žile i razotkriti blago o kakvom nikada nismo ni sanjali? Postoji li sila koju možemo prizvati da nam podari zdravlje, sreću i duhovno prosvjetljenje? Sveci i mudraci Indije uče kako takva moć uistinu postoji. Oni su pokazali djelotvornost načela Istine koja će biti i vama od koristi budete li im pružili istinsku priliku.

Vaš uspjeh u životu ne ovisi isključivo o vašoj sposobnosti i uvježbanosti. Vaš uspjeh ovisi i o vašoj odlučnosti da iskoristite različite mogućnosti koje vam se pružaju. A te mogućnosti u životu ne dolaze slučajno, one su stvorene. Vi ste ih sami stvorili, bilo sada ili u prošlosti, uključujući i vaše prijašnje živote. S obzirom na to da ste ih zaradili, iskoristite ih na najbolji mogući način.

Budete li se služili svim raspoloživim vanjskim sredstvima zajedno sa svojim urođenim sposobnostima kako biste svladali svaku zapreku na putu, razvit ćete snagu koju vam je sâm Bog podario – neograničenu energiju koja izvire iz unutarnjeg dijela vašeg Bića. Svi vi posjedujete snagu misli i snagu volje. Iskoristite do krajnjih granica te božanske darove!

SNAGA MISLI

———

Vi odražavate uspjeh ili neuspjeh sukladno uobičajenom načinu razmišljanja. Što je u vama snažnije: misli o uspjehu ili misli o neuspjehu? Ako je vaš um uglavnom usmjeren na negativna stanja, nije dovoljna tek povremena pozitivna misao kako bi privukla uspjeh. No, ako su vaše misli ispravne, ostvarit ćete svoj cilj makar vam se činilo da ste okruženi tamom.

Jedino ste vi sami odgovorni za sebe. Nitko drugi neće moći odgovarati za vaša djela kada dođe vrijeme krajnjeg suda. Vaš zadatak u svijetu – na Zemlji, kamo vas je smjestila vaša karma, vaša vlastita prijašnja aktivnost – može ispuniti samo jedna osoba – vi sami. A vaš se rad može nazvati uspjehom tek kada na bilo koji način služi vašim bližnjima.

Nemojte se u mislima neprestano baviti jednim te istim problemom. Pustite ga da malo „odleži" i možda se s vremenom sâm riješi. Pritom ipak pripazite da se previše ne opustite i ne izgubite snagu prosuđivanja. To razdoblje mira iskoristite za duboko uranjanje u mirno područje unutarnjeg Bića. Ako ste usklađeni sa svojim Bićem, bit ćete sposobni ispravno sagledati sve što radite, odnosno ako su vaše misli ili djela skrenuli s puta, moći ćete ih ponovno ispraviti. Ta moć božanskog Sklada postiže se vježbom i trudom.

VOLJA JE POKRETAČ

Da biste postigli uspjeh, trebali biste uz pozitivne misli primjenjivati i snagu volje te neprestano biti aktivni. Svaki vanjski odraz rezultat je volje, no ta se snaga ne koristi uvijek svjesno. Postoji mehanička volja i svjesna volja. Pokretačka snaga svih vaših moći je htijenje ili snaga volje. Bez nje ne možete hodati, govoriti, raditi, misliti ni osjećati. Stoga je snaga volje izvor svih vaših aktivnosti. (Kada se ne biste htjeli koristiti energijom volje, bili biste potpuno neaktivni, i tjelesno i misaono. Čak i kada pomičete ruku, vi se služite snagom volje. Nemoguće je živjeti ne koristeći ovu silu.)

Mehanička volja je nesvjesno korištenje snage volje. Svjesna volja je životna sila koju prate odlučnost i napor. To je pokretač koji se mora mudro usmjeriti. Dok se uvježbavate u primjeni svjesne, a ne mehaničke volje, budite sigurni da snagu svoje volje koristite konstruktivno, a ne u negativne svrhe ili za beskorisno prikupljanje stvari i bogatstva.

Kako biste razvili dinamičku snagu volje, čvrsto odlučite da ćete ostvariti neke stvari u životu za koje ste mislili da niste sposobni. Isprva neka to budu jednostavni zadaci. Kako vaše samopouzdanje bude jačalo, a vaša volja postajala pokretljivija, možete si postaviti i teže ciljeve. Budite sigurni da je vaš izbor doista ispravan, a tada – odbijte priznati poraz. Usmjerite svu snagu volje k tom jednom cilju. Ne rasipajte energiju i nemojte ostavljati stvari napola završenima kako biste započeli nešto novo.

SAMI MOŽETE KONTROLIRATI SVOJU SUDBINU

Um je stvaratelj svega. Stoga biste ga trebali usmjeravati ka stvaranju sveg dobrog. Uhvatite li se neke zamisli služeći se pokretačkom snagom volje, ona će na kraju poprimiti opipljiv, materijalni oblik. Kada se uspijete služiti svojom voljom uvijek u konstruktivne svrhe, vi postajete *upravitelj svoje sudbine*.

Upravo sam spomenuo tri važna načina na koja svoju volju možete učiniti pokretljivijom: 1) Odaberite neki jednostavni zadatak ili cilj koji niste dosad postigli i čvrsto odlučite da ćete sada u tome uspjeti. 2) Budite sigurni da je ono što ste izabrali stvarno i izvedivo, a tada odbijte čak i pomisao na neuspjeh. 3) Koncentrirajte se na taj jedan cilj koristeći sve svoje sposobnosti i prilike kako biste ga ostvarili.

Pritom morate uvijek biti sigurni, u onom naj-
mirnijem dijelu unutarnjeg Bića, da je ono što
želite doista ispravno za vas i u skladu s Bož-
jom voljom. Tada možete upotrijebiti svu snagu
svoje volje kako biste ostvarili cilj, istodobno
zadržavajući misli na Bogu – Izvoru svih moći i
svih dostignuća.

STRAH ISCRPLJUJE
ŽIVOTNU ENERGIJU

———

Ljudski je mozak skladište životne energije. Ta
se energija neprestano koristi za pokretanje mi-
šića, rad srca, pluća, dijafragme, u metabolizmu
i izmjeni tvari na staničnoj razini te za rad živ-
čanog sustava. Usto, golemu količinu životne
energije troše misli, osjećaji i htijenja.

Strah isisava životnu energiju i on je jedan

od najvećih neprijatelja pokretačke snage vo-
lje. Strah uzrokuje iscrpljenje životne sile koja
inače neprestano struji kroz splet živaca. Živci
se zbog toga paraliziraju i smanjuje se vitalnost
cijeloga tijela. Strah vam ne pomaže pobjeći od
njegova uzroka, već samo slabi snagu vaše vo-
lje. Zbog straha mozak šalje poruku „Zakoči!"
svim tjelesnim organima. On steže srce, zau-
stavlja probavne funkcije te je uzrok mnogim
drugim tjelesnim smetnjama. Kada svjesnost
usmjerite na Boga, više nećete imati nikakvih
strahova; svaka će zapreka biti svladana vašom
hrabrošću i vjerom.

Želja je težnja kojoj nedostaje energije. Nakon
želje može doći namjera – plan da se nešto mora
poduzeti kako bi se ispunila želja ili težnja. No,
volja znači: „Radit ću sve dok ne ostvarim svoju
želju!". Kada vježbate snagu volje, vi osloba-
đate snagu životne energije – što se ne događa
kada samo pasivno nešto priželjkujete.

Paramahansa Yogananda

NEUSPJESI TREBAJU
POTAKNUTI ODLUČNOST

———

Čak i neuspjesi trebaju djelovati kao poticaji za snagu volje te za materijalni i duhovni razvoj. Kada ne uspijete u nekom pothvatu, od velike će vam pomoći biti ako analizirate svaki svoj korak i time otklonite mogućnost ponavljanja pogrešaka u budućnosti.

Doba neuspjeha najbolje je vrijeme za sijanje sjemena uspjeha. Makar vas žrvanj okolnosti samljeo u prah, držite glavu i dalje uspravno. Bez obzira na to koliko ste puta dosad promašili, uvijek pokušajte još jednom. Borite se i onda kada mislite da više ne možete, kada ste već pomislili da ste učinili najbolje što ste mogli, borite se sve dok se vaši napori ne okrune uspjehom! Objasnit ću vam to na jednom primjeru:

Osoba A i osoba B se tuku. Nakon dugog vremena osoba A reče samoj sebi: „Ne mogu više." No osoba B pomisli: „Još samo jedan udarac!" i zada ga. Osoba A se sruši na pod. Morate biti upravo takvi kao osoba B – zadajte još jedan, posljednji udarac! Upotrijebite tu i takvu nepobjedivu snagu volje kako biste savladali sve životne teškoće.

Novi napori nakon neuspjeha donijet će vam istinski rast. No, oni moraju biti dobro planirani i vođeni sve budnijom pažnjom i pokretačkom snagom volje.

Recimo da ste do sada *bili* neuspješni. Bilo bi glupo odustati od daljnje borbe i prihvatiti neuspjeh kao presudu „sudbine". Bolje je umrijeti boreći se, nego napustiti sve napore jer, dokle god postoji nada, postoji i neka mogućnost da se postigne više. Čak i kada stigne smrt, vaša će se borba uskoro obnoviti i nastaviti u nekom drugom životu. Uspjeh i neuspjeh rezultat su onoga što ste učinili u prošlosti plus ono što činite sada. Stoga biste trebali poticati sve misli o uspjehu koje ste imali u prošlim životima sve dok se one ne obnove i ne nadjačaju utjecaj vaše sklonosti k neuspjehu u ovom životu.

Uspješna osoba možda se prije morala boriti s mnogo ozbiljnijim problemima i teškoćama od one koja je doživjela neuspjeh. Usto, uspješna osoba „natjerala" je sebe da odbaci svaku pomisao na neuspjeh. Morate preusmjeriti svoju pozornost s neuspjeha na uspjeh, sa zabrinutosti na smirenost, s lutanja misli na njihovu usmjerenost i pažnju, s uznemirenosti na mir i s mira na božansko Blaženstvo koje je u vama. Kada dostignete to stanje samoostvarenja, svrha vašega života bit će ispunjena na veličanstven način.

POTREBA ZA
SAMOANALIZOM

———

Još jedna tajna napretka je samoprocjenjiva-
nje. Introspekcija je zrcalo u kojem se zrcale svi
zakuci vašega uma koji bi inače ostali skriveni
od pogleda. Utvrdite svoje neuspjehe te svoje
dobre i loše sklonosti. Preispitajte se kakvi u
stvarnosti jeste, kakvima biste željeli biti i koji
vas to nedostaci sprječavaju da stvarno posta-
nete onakvima kakvi biste željeli biti. Odlučite
koji je vaš istinski zadatak – vaša misija u ži-
votu. Nastojte postati onakvima kakvima biste
trebali biti i kakvima biste željeli biti. Budete li
usmjeravali svoje misli na Boga i usklađivali se
s Njegovom voljom, napredovat ćete sve više na
duhovnom putu.

Vaša temeljna zadaća je pronaći put natrag k
Bogu, no isto tako imate i određeni zadatak u

vanjskome svijetu. Snaga volje u sprezi s podu-
zetnosti pomoći će vam da prepoznate i ispunite
taj zadatak.

STVARALAČKA SNAGA
PODUZETNOSTI

———

Što je to poduzetnost? To je stvaralačka spo-
sobnost u vama, iskra Vječnog Stvoritelja. Ona
vam može dati snagu da stvorite nešto što još
nitko prije vas nije stvorio. Poduzetnost vas
može potaknuti da stvari radite na neki novi
način. Postignuća poduzetne osobe mogu biti
„spektakularna" poput pojave meteora. Na-
izgled stvarajući nešto ni iz čega, vi putem po-
duzetnosti dokazujete kako je moguće ostvariti
naoko nemoguće. Sve ovo je moguće kada se
koristi velika stvaralačka snaga Duha.

Poduzetnost vam omogućava da stanete na

svoje noge; postanete slobodni i neovisni o svemu i svakomu. Poduzetnost je jedna od značajki uspjeha.

U SVAKOM ČOVJEKU VIDI SLIKU BOGA

———

Mnogi opravdavaju vlastite pogreške, a istodobno ne propuštaju priliku oštro osuditi pogreške drugih. Trebali bismo činiti obrnuto: dakle, opravdavati tuđe nedostatke, a oštro preispitati vlastite.

Katkad je nužno analizirati druge ljude. U tom slučaju veoma je važno da su nam misli nepristrane. Um oslobođen predrasuda je poput čista zrcala; čvrst i jasan. On nije kolebljiv zbog vašega nepromišljenog prosuđivanja. Takvo „zrcalo" odražavat će neiskrivljenu sliku svake osobe koja se nađe pred njim.

Naučite vidjeti Boga u svim ljudima bez obzira na njihovu rasu i vjeru. Božansku ljubav spoznat ćete kada počnete osjećati jedinstvo sa svakim ljudskim bićem, nikako prije. U uzajamnom služenju zaboravljamo svoje sićušno „ja" i na trenutak spoznajemo jedno neizmjerno „JA", taj Duh koji ujedinjuje sve ljude.

MISLI UPRAVLJAJU ŽIVOTOM KROZ NAVIKE

—▬—

Čovjekove navike ubrzavaju ili usporavaju postizanje uspjeha.

Vašim životom toliko ne upravljaju prolazna nadahnuća ili sjajne ideje koliko vaše svakodnevne misaone navike. Način razmišljanja je misaoni magnet koji k vama privlači određene stvari i misli, ljude i uvjete. Navike pozitivnih misli omogućuju vam privlačenje raznih blagodati i dobrih prilika. Loše navike mogu vas odvući do negativnih, materijalistički usmjerenih osoba i za vas nepovoljne okoline.

Oslobodite se loše navike izbjegavajući sve ono što do nje dovodi ili je potiče, *ali se pritom ne smijete vezati za nju svojim nastojanjem da ju izbjegnete.* Tada preusmjerite misli na neku svoju dobru naviku i ustrajno ju njegujte sve dok ona ne postane neodvojiv dio vašega bića.

U nama djeluju dvije sile koje se međusobno sukobljavaju. Jedna nas nagovara da učinimo stvari koje ne bismo smjeli, a druga nam kaže da napravimo ono što bismo i morali činiti, bez obzira na teškoće. Prvi je glas Zla, a drugi je glas Dobra ili Boga.

Kroz teške lekcije koje vam svakodnevno donosi život katkad možete jasno sagledati kako loše navike uzgajaju vrt neiscrpnih materijalnih želja. Njegovanje dobrih navika pak dovodi do procvata vaših duhovnih težnji. Svoje napore trebali biste iz dana u dan sve više usmjeravati prema uzgajanju voćke duhovnog napretka kako biste jednoga dana mogli ubrati zreli plod samoostvarenja.

Istinsko napredovanje u Duhu očituje se u sposobnosti oslobađanja od svih loših navika kao i u sposobnosti da činite dobro kao posljedicu vlastitog izbora, a ne samo zato jer znate da zlo donosi patnju.

Tek kada odbacite loše navike, postajete doista slobodan čovjek. Sve dok ne postanete istinski gospodar svojih postupaka, koji je sposoban sebi zapovjediti da čini stvari koje bi trebao činiti, iako to možda i ne želi, vi niste oslobođena duša. *U toj snazi samokontrole leži sjeme vječne slobode.*

Spomenuo sam nekoliko važnih značajki uspjeha: pozitivne misli, dinamičnu volju, samoprocjenjivanje, poduzetnost i samokontrolu. Mnoge popularne knjige naglašavaju jednu ili više njih, no propuštaju naglasiti samu važnost Božanske snage koja stoji iza njih. *Usklađenost s Božjom voljom najvažniji je čimbenik za privlačenje uspjeha.*

Božanska volja je snaga koja pokreće svemir i sve u njemu. Božja volja je bila ta koja je raspršila zvijezde svemirom. Njegova volja održava planete na njihovim putanjama i upravlja razdobljima rođenja, rasta i raspadanja svih oblika života.

SNAGA BOŽANSKE VOLJE

Božanska Volja nema granica. Ona djeluje kroz zakone, znane i neznane, prirodne i one prividno čudesne. Ona može promijeniti tok sudbine, probuditi mrtve, odlomiti planine u more i stvarati nove sunčeve sustave.

Čovjek, stvoren na sliku Božju, posjeduje u sebi tu, za sve sposobnu, snagu volje. Najuzvišenija čovjekova obveza jest ispravnom meditacijom* otkriti kako biti u skladu s Božanskom Voljom.

Vođena zabludom ljudska nas volja može zavesti na krivi put. No vođena mudrošću ona se usklađuje s Božjom voljom. Božji plan često nam ostaje skriven zbog različitih životnih sukoba u koje smo uvučeni, a time gubimo unutarnje vodstvo koje bi nas moglo spasiti od bezdana bijede.

Isus je rekao: „Neka bude volja Tvoja". Kada čovjek svoju volju uskladi s mudrošću vođenom Bogom, on koristi volju samoga Boga.

---

* Meditacija je onaj posebni oblik koncentracije kojom se, putem znanstvenih tehnika joge, pozornost preusmjerava s nemirne usmjerenosti k tjelesnom i osjetilnom prema jednousmjerenoj usredotočenosti na Boga. *Lekcije Self-Realization Fellowshipa* daju detaljne naputke o tome kako ovladati tom znanstvenom metodom meditacije (*bilj. izdavača*).

Ispravnim tehnikama meditacije koje su razvili drevni indijski mudraci svi ljudi mogu postići savršen sklad s Voljom nebeskoga Oca.

IZ OCEANA OBILJA

Kao što se sva snaga nalazi u Njegovoj volji, tako i svi duhovni i materijalni darovi izviru iz Njegova bezgraničnog obilja. Da biste mogli primiti Njegove darove, iz svojeg razmišljanja morate iskorijeniti sve misli o ograničenjima i siromaštvu. Univerzalan Um je savršen i On ne poznaje nedostatke. Da biste mogli crpsti iz te nepresušne rijeke, morate prihvatiti svjesnost o postojanju božjega obilja. Makar i ne znali otkud ćete smoći novac za sutrašnje potrebe, ne smijete se prepustiti zabrinutosti. Kada radite svoj dio posla i pritom se oslanjate na povjerenje u to da Bog radi Svoj dio, otkrit ćete kako vam neke tajanstvene sile priskaču u pomoć i vaše se „određene" želje uskoro ostvaruju. To povjerenje i svjesnost o vlastitu obilju možete postići meditacijom.

Kako je Bog izvor svih misaonih moći, mira i napretka, *nemojte prvo željeti i činiti, već najprije ostvarite kontakt s Bogom.* Tako ćete uz pomoć svoje volje i djelovanja postići najviše ciljeve. Kao što ne možete prenositi poruke ako je mikrofon pokvaren, isto tako ne možete slati ni svoje molitve kroz misaoni mikrofon čiji rad ometaju vaše nemirne misli. Popravite svoj „misaoni mikrofon" dubokom smirenošću te povećajte prijemčivost svoje intuicije. Na taj ćete način moći uspješno surađivati s Njim i primati Njegove odgovore.

MEDITACIJA

————

Kada popravite svoj „misaoni radio" i smireno se uskladite s vibracijama Stvaranja, kako ta dva čimbenika možete iskoristiti za pronalazak

Boga? Odgovor je: ispravnim izvođenjem meditacije.

Snagom koncentracije i meditacije možete usmjeriti neizmjernu snagu misli prema ispunjenju onoga što želite, čuvajući se pritom neuspjeha. Svi uspješni ljudi provode mnogo vremena u dubokoj koncentraciji. Oni mogu svojim mislima zaroniti duboko u um i tamo pronaći prava rješenja za probleme koji su im se ispriječili na putu do uspjeha. Uspijete li svoju pozornost odvojiti od svih uznemirujućih sadržaja i usmjeriti je na jedan određeni cilj, vi ćete voljno privući sve ono što vam je potrebno.

Prije nego što prionete nekom važnom poslu, u tišini sjednite, smirite svoja osjetila i misli te duboko meditirajte. Tada ćete biti vođeni velikom stvaralačkom snagom Duha. Nakon toga trebate iskoristiti sva raspoloživa materijalna sredstva kako biste ostvarili zacrtani cilj.

Stvari koje trebate u životu su one koje će vam pomoći da ispunite svoju osnovnu životnu svrhu. Stvari koje *želite,* ali ih *ne trebate* mogu vas udaljiti od ispunjenja vaše životne svrhe. Tek kada sve podredite ispunjenju svoje životne svrhe, postigli ste uspjeh.

USPJEH SE MJERI SREĆOM

———

Razmislite, hoće li vam ostvarenje vašega zacrtanog cilja donijeti uspjeh? Što je to uspjeh? Ako posjedujete zdravlje i bogatstvo, ali imate problema sa svima oko sebe, uključujući i sebe same, vaš život zasigurno nije uspješan. Egzistencija postaje besmislena ako ne možete pronaći sreću. *Kada izgubite bogatstvo, izgubili ste malo; kada izgubite zdravlje, izgubili ste nešto vrjednije, no kada izgubite unutarnji mir, izgubili ste najveće blago.*

Prema tome, uspjeh bi se trebao mjeriti osjećajem sreće, vašom sposobnošću da ostanete u mirnom skladu sa zakonima svemira. Uspjeh nije ispravno mjeriti svjetovnim pokazateljima bogatstva, prestiža i moći. Nijedan od njih ne donosi sreću, osim ako se ne koriste ispravno. Za njihovo ispravno korištenje čovjek mora posjedovati mudrost i ljubav – i prema Bogu i prema čovjeku.

Bog vas niti nagrađuje niti kažnjava. Bog vam je dao moć kojom sami sebe nagrađujete ili kažnjavate ispravnom ili pogrešnom primjenom svoje pameti i snage vlastite volje. Ako se ogriješite o zakon zdravlja, napretka i mudrosti, neizostavno ćete morati patiti od bolesti, siromaštva i neznanja. Međutim, trebali biste stalno jačati svoj um i odbiti podnositi misaona i moralna ograničenja koja vas prate iz prošlosti.

Spalite ih u vatri svoje sadašnje božanske odluč-
nosti i ispravnog djelovanja. Samo ćete takvim
stavom postići slobodu.

Do određene granice sreća ovisi o vanjskim
okolnostima, no uglavnom ovisi o vašem misa-
onom stavu. Da bi bio sretan, čovjek mora biti
zdrav, imati stabilne misli, uspješan život, zado-
voljavajući posao, zahvalno srce, i iznad svega,
mudrost ili spoznaju Boga.

Čvrsta odlučnost da budete sretni pomoći
će vam. Ne čekajte da se promijene okolnosti,
pogrešno misleći kako je problem u njima. Ne
uživajte u svojoj „nesretnosti" kao kroničnoj
navici, mučeći time i sebe i druge. Vaša je sreća
blagoslov za vas i za vaše bližnje. Posjedujete
li sreću, vi posjedujete sve. Biti sretan znači
biti u skladu s Bogom. Moć sreće dolazi kroz
meditaciju.

POSTAVITE BOŽJU SNAGU IZA SVIH SVOJIH NAPORA

Oslobodite Moć koju već posjedujete u svrhu stvaranja – na taj način steći ćete još i više. Slijedite svoj put nepopustljivom odlučnošću koristeći sve pokazatelje uspjeha. Uskladite se sa stvaralačkom snagom Duha. Bit ćete povezani s beskonačnom Inteligencijom koja je sposobna voditi vas i riješiti sve vaše probleme. Snaga će neprekidno izvirati iz neprekidnog toka izvora vašeg bića i bit ćete u mogućnosti stvarati na bilo kojem području vaših aktivnosti.

Prije donošenja neke važne odluke trebali biste sjesti u tišini i zamoliti Oca za Njegov blagoslov. Tada će Njegova snaga biti iza vaše, iza vaših misli bit će Njegove misli, iza vaše volje bit će Njegova volja. Kada Bog djeluje kroz vas, ne možete pogriješiti. Snaga svake sposobnosti koju posjedujete postat će još veća. Kada djelujete s mišlju da služite Bogu, vi primate Njegove blagoslove.

Ako je vaš životni poziv skroman, nemojte se zbog toga ispričavati. Budite ponosni jer ispunjavate dužnost koju vam je namijenio vaš Otac. On treba upravo vas na tom određenom mjestu. Ne mogu svi ljudi imati istu životnu ulogu. Sve dok radite kako biste usrećili Boga Oca, sve će vam kozmičke Sile složno pomagati.

Kada uvjerite Boga u to da iznad svega želite samo Njega, uskladit ćete svoju volju s Njegovom. Kada Ga nastavite tražiti bez obzira na to kakve vas teškoće nastojale odvući od Njega, vi koristite svoju ljudsku volju u njezinu najvišem stvaralačkom obliku. Na taj ćete način pokrenuti Zakon uspjeha, poznat još drevnim mudracima, zakon koji razumiju svi oni koji su postigli uspjeh. Božanska je snaga vaša učinite li odlučan napor kako biste je iskoristili za postizanje zdravlja, sreće i mira. Kada postignete sve te ciljeve, kročit ćete stazom samoostvarenja prema svom istinskom domu u Bogu.

AFIRMACIJA

Nebeski Oče, ja ću misliti, ja ću htjeti, ja ću dje-
lovati, a Ti vodi moj razum, moju volju i moju
aktivnost prema onome što bih trebao učiniti.

O AUTORU

Paramahansa Yogananda (1893.-1952.) jedan je od uglednih duhovnih velikana modernoga doba. Rođen je u sjevernoj Indiji, a u Sjedinjene Države stigao je 1920. godine. U iduća tri desetljeća kroz svoje knjige, održavanje predavanja i utemeljenje mnogih Self-Realization Fellowship hramova i meditacijskih centara Paramahansa Yogananda je na dalekovidan način pridonio promicanju svijesti i prihvaćanju istočnjačkih duhovnih vrednota na Zapadu. Zahvaljujući svojoj svjetski poznatoj životnoj priči *Autobiografija jednog jogija* i opsežnom skupu lekcija za učenje kod kuće Yogananda je upoznao milijune ljudi s drevnom indijskom znanošću meditacije i metodama za postizanje uravnotežena života temeljenog na skladu tijela, uma i duše. Duhovni i humanitarni rad koji je započeo Paramahansa Yogananda danas se nastavlja pod vodstvom Sri Mrinalini Mate, jedne iz najužeg kruga Yoganandinih učenika, a od 2011. predsjednice Self-Realization Fellowshipa, međunarodnoga društva koje je Paramahansa Yoagananda osnovao 1920. radi širenja svojega učenja diljem svijeta.

KNJIGE NA HRVATSKOM
PARAMAHANSE YOGANANDE

Autobiografija jednog jogija

Afirmacije za znanstveno izlječenje

Metafizičke meditacije

Zakon uspjeha

Dostupne preko Internetskih stranica
Self-Realization Fellowship

www.yogananda-srf.org
ili preko: www.amazon.com

KNJIGE NA ENGLESKOM
PARAMAHANSE YOGANANDE

Dostupne u knjižarama ili izravno od izdavača:

Self-Realization Fellowship
3880 San Rafael Avenue
Los Angeles, California 90065-3219
Tel (323) 225-2471 • Fax (323) 225-5088

www.yogananda-srf.org

Autobiography of a Yogi

The Second Coming of Christ:
The Resurrection of the Christ Within You
Nadahnuti duhovni komentar izvornoga
Isusovog učenja.

God Talks with Arjuna; *The Bhagavad Gita*
Novi prijevod i komentar.

Man's Eternal Quest
Prvi svezak predavanja i neslužbenih govora
Paramahanse Yoganande.

The Divine Romance
Drugi svezak predavanja, neslužbenih govora i eseja
Paramahanse Yoganande.

Journey to Self-Realization
Treći svezak predavanja i neslužbenih govora
Paramahanse Yoganande.

Wine of the Mystic:
The Rubaiyat of Omar Khayyam —
A Spiritual Interpretation
Nadahnuti komentar pjesničkog djela „Rubaije" Omara
Hajjama koji nam otkriva skrivenu znanost o spoznaji
Boga unutar ovih zagonetnih pjesničkih slika.

Where There Is Light:
Insight and Inspiration for Meeting Life's Challenges

Whispers from Eternity
Zbirka molitvi i iskustava Božanskog Paramahanse
Yoganande doživljenih tijekom uzvišenih stanja u
meditaciji.

The Science of Religion

The Yoga of the Bhagavad Gita:
*An Introduction to India's Universal Science of
God-Realization*

The Yoga of Jesus:
Understanding the Hidden Teachings of the Gospels

In the Sanctuary of the Soul:
A Guide to Effective Prayer

Inner Peace:
How to Be Calmly Active and Actively Calm

To Be Victorious in Life

Why God Permits Evil and How to Rise Above It

Living Fearlessly:
Bringing Out Your Inner Soul Strength

How You Can Talk With God

Metaphysical Meditations
Više od 300 meditacija, molitvi i afirmacija za
duhovno uzdizanje.

35

Scientific Healing Affirmations
Paramahansa Yogananda ovdje predstavlja duhovno objašnjenje temelja znanosti o afirmaciji.

Sayings of Paramahansa Yogananda
Zbirka izreka i mudrih savjeta koji predstavljaju odgovore dane s puno ljubavi i iskrenosti što ih je Paramahansa Yogananda davao onima koji su k njemu došli po vodstvo.

Songs of the Soul
Mistična poezija Paramahanse Yoganande.

The Law of Success
Objašnjenje dinamičkih načela na kojima se temelji čovjekov uspjeh u ostvarenju životnih ciljeva.

Cosmic Chants
Tekstovi (na engleskom) i glazba (notni zapis) 60 devocijskih pjesama s uvodom u kojemu je objašnjeno kako duhovno pjevanje može voditi do spoznaje Boga.

ZVUČNI ZAPISI
PARAMAHANSE YOGANANDE

Beholding the One in All

The Great Light of God

Songs of My Heart

To Make Heaven on Earth

Removing All Sorrow and Suffering

Follow the Path of Christ, Krishna, and the Masters

Awake in the Cosmic Dream

Be a Smile Millionaire

One Life Versus Reincarnation

In the Glory of the Spirit

Self-Realization: The Inner and the Outer Path

OSTALA SELF-REALIZATION FELLOWSHIP IZDANJA

Na zahtjev se može dobiti cijeli katalog izdanja te audio/video zapisa Self-Realization Fellowshipa.

Swami Sri Yukteswar: **The Holy Science**

Sri Daya Mata: **Only Love:** *Living the Spiritual Life in a Changing World*

Sri Daya Mata: **Finding the Joy Within You:** *Personal Counsel for God-Centered Living*

Sri Gyanamata: **God Alone:** *The Life and Letters of a Saint*

Sananda Lal Ghosh: **"Mejda":** *The Family and the Early Life of Paramahansa Yogananda*

Self-Realization *(časopis koji izlazi četiri puta godišnje; pokrenuo ga je Paramahansa Yogananda 1925. godine).*

SELF-REALIZATION FELLOWSHIP LEKCIJE

Self-Realization Fellowship Lekcije sadrže učenje Paramahanse Yoganande o znanstvenim tehnikama meditacije, uključujući *Kriya jogu* kao i njegove savjete i vodstvo u vezi svih pitanja koja se tiču uravnotežena duhovnog života. Za dodatne informacije zatražite besplatnu knjižicu *Undreamed-of Possibilities* koja je dostupna na engleskom, španjolskom i njemačkom jeziku.

CILJEVI I IDEALI
Udruge SELF-REALIZATION
FELLOWSHIP

*Kako su ih iznijeli Paramahansa Yogananda,
utemeljitelj i Sri Mrinalini Mata, predsjednica*

1. Širiti među narodima znanje o točno definiranim znanstvenim tehnikama za postizanje izravnog osobnog iskustva Boga.

2. Naučavati kako je svrha čovjekova života evolucija putem vlastita napora kako bi ograničena ljudska svijest napredovala do Božanske Svijesti. U skladu s tim osnivati diljem svijeta Self-Realization Fellowship hramove za stupanje u dodir s Bogom te poticati uspostavljanje pojedinačnih Božjih hramova u domovima i srcima ljudi.

3. Otkriti potpun sklad i temeljno jedinstvo izvornog kršćanstva kako ga je naučavao Isus Krist i originalne joge kako ju je naučavao Bhagavan Krišna. Pokazati kako su ta načela istine zajednički znanstveni temelj svih istinskih religija.

4. Isticati jedan božanski put do kojeg u konačnici vode staze svih istinskih vjerskih uvjerenja, a to

je put svakodnevne posvećene meditacije o Bogu.

5. Oslobađanje čovjeka od trostruke patnje: fizičke bolesti, misaonog nesklada i duhovnog neznanja.

6. Poticati „jednostavno življenje i uzvišeno razmišljanje". Širenje duha bratstva među svim ljudima učenjem o vječnom temelju njihova jedinstva – srodstvu s Bogom.

7. Pokazati nadmoć uma nad tijelom i duše nad umom.

8. Pobijediti zlo dobrim, tugu radošću, grubost nježnošću, neznanje mudrošću.

9. Ujediniti znanost i religiju kroz shvaćanje jedinstva njihovih zajedničkih temeljnih načela.

10. Zagovarati kulturno i duhovno razumijevanje Istoka i Zapada te razmjenu njihovih najistaknutijih obilježja.

11. Služiti Čovječanstvu kao vlastitom Višem Jastvu.